108 citas de Amma sobre la Naturaleza

108 citas de Amma sobre la Naturaleza

Publicado por :

Mata Amritanandamayi Center
P.O. Box 613
San Ramon, CA 94583
Estados-Unidos

——————— 108 Quotes on Nature (Spanish) ———–—

En India:

www.amritapuri.org
inform@amritapuri.org

En España:

www.amma-spain.org
fundación@amma-spain.org

En USA:

www.amma.org

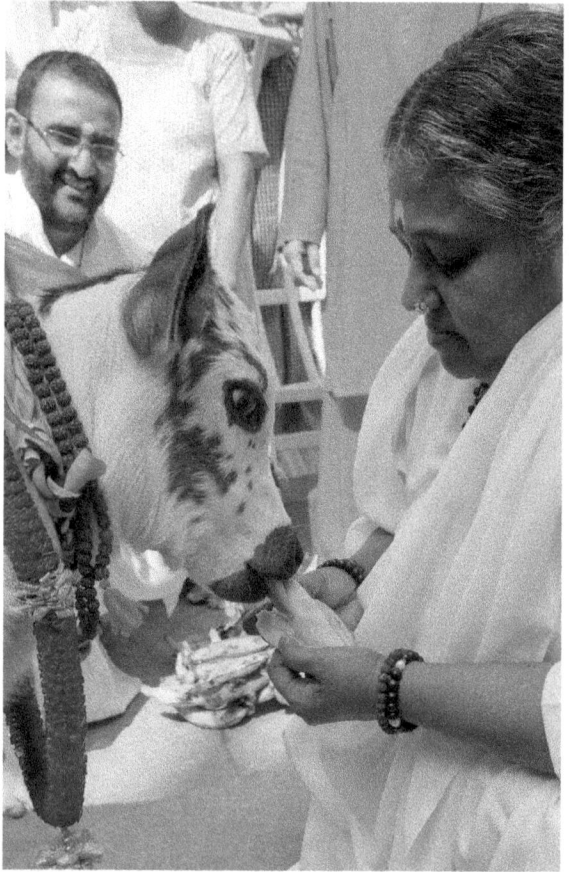

1

La naturaleza es la forma tangible de Dios que podemos ver y experimentar a través de nuestros sentidos. Al amar y servir a la naturaleza, estamos adorando directamente a Dios. Tratemos de despertar de nuevo esta actitud.

2

Hay una verdad que brilla a través de toda la creación. Dios es la Conciencia Pura que mora en todo. Ríos, montañas, plantas, animales, el sol, la luna y las estrellas, tú y yo... son todas expresiones de esta única realidad. Asimilando esta verdad en nuestras vidas, y ganando así una comprensión más profunda, podemos descubrir la belleza inherente en la diversidad.

3

Nuestra verdadera naturaleza es como el cielo, no como las nubes. Nuestra verdadera naturaleza es como el océano, no como las olas. La nubes y las olas van y vienen. El cielo y el océano permanecen.

4

La Naturaleza es parte indispensable en la vida de la Tierra. Todo depende de la naturaleza para vivir. No somos distintos de la Naturaleza, somos una parte interdependiente de ella. Nuestras vidas dependen del bienestar del conjunto. Por lo tanto, uno de nuestros principales deberes es cuidar amorosamente de todos los seres vivos.

5

Ved con qué facilidad la naturaleza supera los obstáculos. Si hay una piedra en el camino de una pequeña hormiga, la hormiga sólo anda alrededor de la piedra y continúa su camino. Si hay una roca donde crece un árbol, el árbol simplemente crece alrededor de la roca. De la misma manera, un río fluye alrededor de un tronco que está bloqueando su camino. También nosotros deberíamos aprender a adaptarnos a todas las circunstancias de la vida, superándolas con paciencia y entusiasmo.

6

Cuando encontremos la armonía en nosotros, eso beneficiará a la naturaleza y se reflejará en toda la creación. Cuando no hay armonía mental, la armonía de la naturaleza también se pierde. Por ejemplo, hoy en día, en muchos lugares del mundo o bien hay demasiada lluvia o no la suficiente. Esto es nuestra propia desarmonía reflejada en la naturaleza. Una vez que la mente humana esté armonizada, la armonía se producirá espontáneamente en la naturaleza. Donde hay concentración, hay armonía.

7

En una perfecta relación entre la humanidad y la naturaleza, se crea un campo de energía circular en el que cada uno fluye hacia el otro. En otras palabras, cuando los seres humanos nos enamoremos de la naturaleza, ella se enamorará de nosotros. Dejará de ocultarnos cosas. Abriendo su tesoro de riqueza infinita, nos permitirá disfrutarlo. Como una madre, nos protegerá, alimentará y nutrirá.

8

La naturaleza es nuestra primera madre. Ella nos nutre a lo largo de nuestras vidas. Nuestra madre biológica puede permitir que nos sentemos en su regazo durante un par de años, pero la Madre Naturaleza soporta pacientemente nuestro peso durante toda nuestra vida. Nos canta para dormirnos, nos alimenta y nos acaricia. Así como los niños se sienten comprometios con su madre biológica, todos deberíamos sentirnos comprometidos y responsables hacia la Madre Naturaleza. Olvidar esta responsabilidad es como olvidarnos de nosotros mismos.

9

¿No deberíamos expresar nuestra gratitud a la Madre Tierra, que pacientemente nos ofrece su regazo para que corramos, saltemos y juguemos? ¿No deberíamos estar agradecidos a los pájaros que cantan para nosotros, a las flores que florecen para nosotros, a los árboles que nos dan sombra y a los ríos que fluyen para nosotros?

10

Un factor que conecta a los seres humanos con la naturaleza es la inocencia innata en nuestro interior. Cuando vemos un arco iris o las olas del mar, ¿sentimos aún la inocente alegría de un niño? Mirad la belleza de la naturaleza con la conciencia de que es la inigualable expresión de lo Divino.

11

No hay errores en la creación de Dios. Cada criatura y cada objeto creado por Dios es absolutamente especial.

12

Todo en la naturaleza es un maravilloso milagro. ¿No es un pajarillo volando a través del vasto cielo un milagro? ¿Y no es un milagro un pez diminuto nadando en las profundidades del océano?

13

Hay ciertas cosas en la vida que despiertan entusiasmo y frescura siempre que pensamos en ellas o las experimentamos, por ejemplo, el mar. No importa cuántas veces miremos al mar, nunca nos parece suficiente. Hay un aspecto de eternidad en el mar. Y lo mismo pasa con el cielo. El vínculo que sentimos hacia la naturaleza es así. Siempre podemos ver aspectos nuevos en ella.

14

Todo está impregnado por la conciencia. Esta conciencia sostiene al mundo y a todas sus criaturas. Adorarlo todo -viendo a Dios en ello- es lo que aconseja la religión. Tal actitud nos enseña a amar la naturaleza. Pensad en los milagros de la naturaleza. Los camellos son bendecidos con una bolsa especial para almacenar agua. El canguro tiene una cuna para llevar a su bebé dondequiera que vaya. Incluso las más insignificantes y aparentemente dañinas criaturas o plantas tienen un uso específico. Las arañas mantienen la población de insectos en equilibrio, las serpientes mantienen la población de roedores bajo control e incluso el diminuto plancton unicelular del océano sirve como alimento para las ballenas. Cada una de ellas desempeña su propio papel.

15

En el cosmos hay un ritmo para todo. El viento, la lluvia, las olas, el flujo de nuestra respiración y los latidos del corazón... todo tiene un ritmo. De manera similar, hay un ritmo en la vida. Nuestros pensamientos y acciones crean el ritmo y la melodía. Cuando el ritmo de nuestros pensamientos se pierde, se refleja en nuestras acciones. Esto, a su vez, hará que se pierda el propio ritmo de la vida; y es esto lo, que estamos viendo a nuestro alrededor, hoy en día.

16

La vida está llena de la luz de Dios, pero sólo a través del optimismo podremos experimentarla. Mirad el optimismo de la naturaleza. Nada puede detenerlo. Cada aspecto de la naturaleza contribuye incansablemente a la vida. La participación de un pajarito, un animal, un árbol o una flor siempre es completa. No importa qué dificultades encuentren, continúan intentándolo de todo corazón.

17

Disfruta de la belleza de la naturaleza con la conciencia de que todo es una expresión de lo Divino.

18

Las estrellas centellean en el cielo, los ríos fluyen felices, las ramas de los árboles bailan en el viento y los pájaros estallan en cantos. Deberías preguntarte, "¿Por qué me siento tan miserable viviendo en medio de toda esta gozosa celebración?»

19

Las flores, las estrellas, los ríos, los árboles y los pájaros no tienen ego; y al no tener ego, nada puede dañarlos. No teniendo ego, sólo puedes regocijarte. Incluso las ocasiones que normalmente serían dolorosas se convierten en momentos de alegría.

20

Así como la naturaleza crea las circunstancias favorables para que un coco se convierta en un cocotero y para que una semilla se transforme en un enorme árbol frutal, crea también las circunstancias a través de las cuales el alma individual puede alcanzar el Ser Supremo y fundirse en eterna unión.

21

La naturaleza es un libro de texto del que debemos aprender. Cada objeto de la naturaleza es una página del libro de texto. Cada objeto de la naturaleza nos enseña algo. La renuncia y el altruismo son las mayores lecciones que podemos aprender de la naturaleza.

22

La naturaleza da toda su riqueza a los seres humanos. Tal como la naturaleza graciosamente nos sirve, protege y ayuda, es nuestra responsabilidad devolver esa dedicación y servicio ayudándola. Sólo así puede preservarse la armonía entre la naturaleza y la humanidad.

23

Cuando vivimos en armonía con la naturaleza, en amor y unidad con ella, tendremos la fuerza para superar cualquier crisis.

24

Los seres humanos pueden aprender mucho de la naturaleza. Mirad al manzano. Da sombra incluso a quien lo corta. También ofrece su dulce y deliciosa fruta, sin guardarse nada para sí mismo. Su existencia misma es para otros seres vivos. De la misma manera, cualquiera viene y se baña en el río. El río lava toda suciedad sin esperar nada a cambio. Acepta de buena gana la impureza y devuelve pureza, ofreciéndose a los demás. Hijos, todos y cada uno de los objetos de la creación nos enseñan sacrificio.

Mirad el encanto de la naturaleza. Mirad este asombroso cosmos y la forma armoniosa en que nuestro planeta y todos los demás planetas funcionan. El vasto patrón de belleza y orden que impregna la creación deja muy claro que hay un gran corazón y una gran inteligencia detrás de todo. Sin una inteligencia cósmica, un Poder Universal que lo regule todo, ¿cómo podrían existir un orden y una belleza tan perfectos?

26

La creación no es accidental: el sol, la luna, el océano, los árboles, las flores, las montañas y los valles, no son accidentes. Los planetas se mueven alrededor del sol sin desviarse ni un centímetro de sus órbitas predeterminadas. Los océanos cubren vastas áreas del globo, sin tragarse la tierra. Si esta hermosa creación fuera simplemente accidental, no sería tan ordenada y sistemática.

27

La resolución del Ser Supremo está detrás de todo, detrás del brotar de una flor, del trino de un pájaro, del movimiento del viento y de las llamas del fuego. Es el poder por el cual todo crece, el poder que todo lo sostiene. Este propósito divino es la causa subyacente del nacimiento, crecimiento y muerte de todos los seres vivos. Es la causa de toda la creación. El poder del Ser Supremo sostiene al mundo. Sin este poder, el mundo dejaría de existir.

28

Las escrituras dicen, "Ishvasyamidam Sarvam": la conciencia de Dios lo impregna todo. La tierra, los árboles, las plantas y los animales son manifestaciones de Dios. Por esta razón, debemos amar y ocuparnos de la naturaleza así como por todos nosotros.

29

Cuando nosotros, en nuestra inocencia innata, creemos en un Ser Supremo y estamos llenos de devoción, podemos ver lo Divino en todo, en cada árbol y animal, en cada aspecto de la naturaleza. Esta actitud nos permite vivir en perfecta armonía y en sintonía con la naturaleza.

30

Rezar con concentración restaurará la armonía perdida de la naturaleza. Aunque nadie más lo escuche, la Madre Naturaleza mantiene un registro de cada una de nuestras sinceras oraciones.

31

En realidad, el progreso y la prosperidad de la humanidad dependen únicamente del bien que la gente hace por la naturaleza. Al establecer un vínculo de amor entre la humanidad y la naturaleza, aseguramos tanto el equilibrio de la naturaleza como el progreso de la humanidad.

32

Es el deber urgente de todos los seres humanos complacer a la naturaleza realizando acciones desinteresadas dotadas de amor, fe y sinceridad. Cuando hagamos esto, la naturaleza nos bendecirá con la abundancia.

33

Es un error desperdiciar o malgastar debido a nuestra falta de cuidado y atención. Cada objeto ha sido creado para ser usado; en la creación, cada objeto tiene un claro propósito.

34

La humanidad depende de la naturaleza para su propia existencia. En realidad, no estamos protegiendo la naturaleza, es la naturaleza la que nos protege.

35

La naturaleza se sacrifica por los humanos, mientras que nosotros no sólo la explotamos, sino que la destruimos. Sin embargo, la naturaleza sigue sirviéndonos.

36

Antiguamente, no había ninguna necesidad especial de preservar el medio ambiente porque la protección de la naturaleza era parte de la adoración a Dios y a la vida misma. Más que recordar a "Dios", la gente solía amar y servir a la naturaleza y a la sociedad. Veían al Creador a través de la creación. Amaban, adoraban y protegían la naturaleza como la forma visible de Dios.

37

La Madre Tierra nos sirve; el sol, la luna y las estrellas, nos sirven también. ¿Qué podemos hacer para corresponder a su servicio desinteresado?

Cuando la ciencia avanza, las ciudades y las empresas crecen a su vez. A medida que aumenta la población humana en las ciudades, también la cantidad de residuos aumenta exponencialmente. Por lo tanto, debemos hallar medios científicos para manejar adecuadamente estos residuos. Si no, nuestro entorno natural se deteriorará y las enfermedades se propagarán. Debemos esforzarnos al máximo para reciclar y reutilizar la "basura". La Madre Naturaleza tiene sus propias formas milagrosas de reciclar y reutilizar los residuos, preservando así la vida. Que nuestro objetivo sea crear un mundo con cero desechos.

39

Debemos esforzarnos por inculcar valores a nuestros hijos a edades tempranas. Debemos enseñarles a amarse unos a otros. Hemos de llenar los planes de estudio de nuestras escuelas e institutos con lecciones sobre el amor y la compasión y ayudar a poner fin a la explotación de los oprimidos. Si hacemos esto, la guerra y los enfrentamientos violentos disminuirán y, hasta cierto punto, podremos realizar el sueño de la paz mundial. Cuando crezca el amor mutuo, la naturaleza también se volverá pacífica.

40

Mirad la belleza de la naturaleza. Vivir en armonía con la naturaleza traerá por sí mismo, satisfacción y felicidad.

41

La generación actual vive como si no tuviera relación con la naturaleza. Todo lo que nos rodea es artificial. Hoy en día, comemos frutas y granos cultivados con fertilizantes y pesticidas artificiales y les añadimos conservantes para aumentar su vida útil. Así, consciente o inconscientemente, estamos continuamente comiendo veneno. Como resultado, están apareciendo muchas enfermedades nuevas. De hecho, hace mucho tiempo, la vida media era de más de 100 años. Pero hoy en día la gente vive sólo 80 años o menos y más del 75 por ciento de la población sufrirá alguna enfermedad.

42

El deseo de mayor producción a menudo lleva a utilizar fertilizantes y plaguicidas artificiales. Es por esta codicia que nos olvidamos de amar las plantas. Un globo sólo puede ser inflado hasta un límite, después de eso, si sigues soplando, explotará. De la misma manera, hay un límite en el rendimiento que una semilla puede dar. Si seguimos tratando de aumentarlo por medios artificiales, afectará negativamente a la fuerza y la calidad de la semilla y también dañará a quienes la coman.

43

Al dañar las plantas, estás alargando su karma. Tu egoísmo bloquea su evolución hacia una especie superior de vida y les impide alcanzar la libertad eterna.

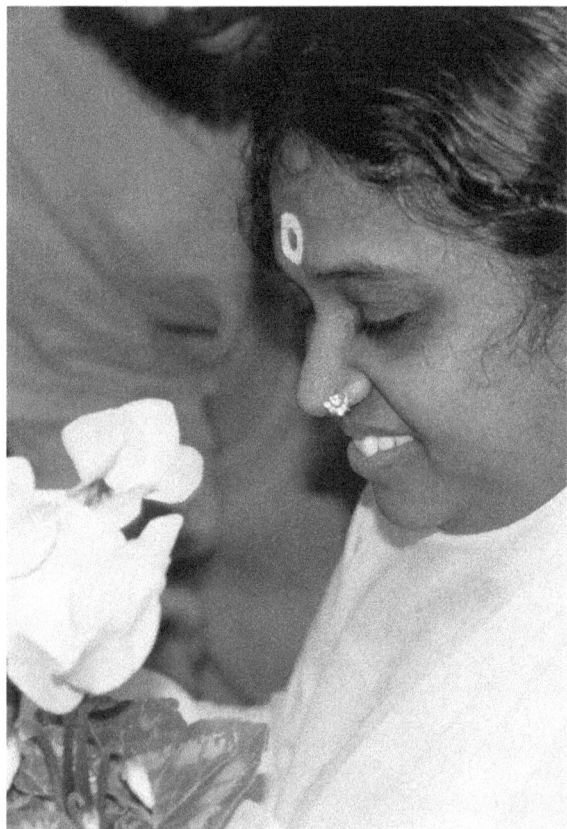

44

Los inventos científicos son muy beneficiosos, pero no deben ir en contra de la naturaleza. La ciencia ha alcanzado alturas inimaginables pero, desafortunadamente, hemos perdido la claridad para ver las cosas en su plena realidad y actuar con discriminación. Un científico debería ser un auténtico amante: un amante de la humanidad, un amante de toda la creación y un amante de la vida.

45

A medida que nuestro egoísmo aumenta, nos alejamos de la naturaleza y empezamos a explotarla. Usar la naturaleza para nuestras necesidades es aceptable, pero tomar más de lo que necesitamos cambia las circunstancias y se convierte en explotación. Debemos recordar que cuando tomamos más de lo que necesitamos, estamos destruyendo una vida más, sea de una planta o de un animal.

46

Mira la belleza y la perfección de la naturaleza. La naturaleza está llena de gozo, aunque no tenga la inteligencia de un ser humano. Toda la creación se regocija. Una flor tiene una vida corta, pero se ofrece de todo corazón a los demás. Ofrece su propio néctar a las abejas y esto crea felicidad.

47

La Madre Tierra es explotada, a pesar de los maravillosos beneficios y regalos que nos otorga. Aún así, la Madre Tierra lo soporta todo pacientemente y bendice a la humanidad con una inmensa riqueza y prosperidad.

48

Por el amor y la compasión de Dios, que todo lo abarca, Ella enseña e inspira a todos los seres de la Tierra a ser pacientes y compasivos con los humanos, aunque los humanos no les devuelvan su amor.

49

Nunca satisfechos, y en su codicia por lograr y poseer más, los seres humanos han llevado a cabo toda clase de actos deshonestos que están contaminando y explotando a la Madre Naturaleza. Empapados de egoísmo, la gente ha olvidado que es de la Madre Naturaleza de quién hemos recibido todo, y sin ella, lo perderemos todo.

50

De acuerdo con el Sanátana Dharma, la religión eterna, la naturaleza no es diferente de los seres humanos. Hay un mantra que cantamos todos los días, "Lokah Samastah Sukhino Bhavantu", que significa que haya paz y felicidad para todos los seres en todos los mundos. Incluye toda la naturaleza, todo el reino vegetal y animal, y toda la creación. Ver la unidad en la diversidad es lo que nos enseña el Sanátana Dharma y es la esencia de este mantra.

51

La naturaleza es un enorme jardín de flores. Animales, pájaros, árboles, plantas y personas son sus coloridas flores plenamente germinadas. La belleza de este jardín está completa sólo cuando todos ellos existen en armonía, difundiendo así vibraciones de amor y unidad. Trabajemos juntos para evitar que estas diversas flores se marchiten y así el jardín permanecerá eternamente bello.

52

La ciencia moderna dice que los árboles y las plantas responden a los pensamientos y actos de los seres humanos. Los científicos han creado instrumentos que pueden detectar y registrar los sentimientos de las plantas y, en algunos casos, incluso medir la intensidad de los mismos. Han observado que al experimentar actos faltos de amor y de compasión, las plantas también sufren. Hace mucho tiempo, los santos y sabios de la India, habiendo comprendido esta gran verdad, vivieron vidas sin causar daño alguno.

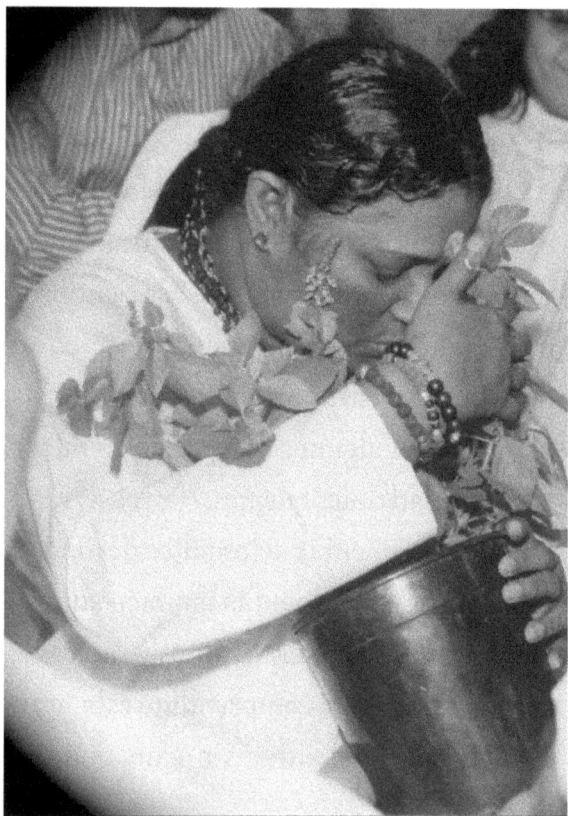

53

La naturaleza es como la gallina de los huevos de oro. Si pensamos que podemos reclamar todos los huevos de oro y matar a la gallina, el resultado será la destrucción total de la humanidad. Por nuestra propia supervivencia y la de las generaciones venideras, debemos dejar de contaminar y explotar la naturaleza.

54

Los seres humanos, a través de sus pensamientos y acciones centrados en el ego, han contaminado la atmósfera. La atmósfera está completamente llena de humo y gases venenosos de coches, autobuses y fábricas, pero el peor veneno y el que más contamina, son los pensamientos egoístas y malvados de los seres humanos.

55

Sólo a través del amor y el respeto a la naturaleza despertaremos espiritualmente. Nuestro objetivo es sentir la vida en todas partes.

56

La naturaleza es un kalpa-vrksha, un árbol que cumple deseos, que da a la humanidad toda la abundancia. Pero hoy en día nuestra situación es como la de un tonto que corta la misma rama en la que está sentado.

57

Incluso si sólo tenemos una pequeña parcela de tierra, deberíamos tratar de cultivar algunos vegetales usando fertilizantes orgánicos. Pasando algún tiempo con nuestras plantas, deberíamos hablarles, besarlas y cantarles. Esta relación nos dará una nueva vitalidad.

Todo el mundo sabe que los seres humanos no pueden vivir en un desierto. Si la purificación atmosférica no se lleva a cabo, la salud de los seres humanos se deteriorará. Deberíamos plantar muchos árboles y también plantas medicinales, porque limpian el aire. Muchas enfermedades se prevendrán si respiramos el aire que ha entrado en contacto con las plantas medicinales.

59

Algunos dicen que deberíamos plantar dos árboles por cada uno que cortemos. Pero esto sigue siendo inadecuado. Hay una gran diferencia entre lo que un árbol grande proporciona y lo que dos árboles pequeños pueden proporcionar. Si se añade desinfectante al agua en una proporción menor de la requerida, su efecto será minimizado. Si una medicina ayurvédica que necesita diez ingredientes diferentes se prepara con sólo ocho, no tendrá el efecto deseado. De la misma manera, cuando dos arbolitos pequeños reemplazan a un árbol grande, el equilibrio de la naturaleza se altera.

60

Hace mucho tiempo, los santos y sabios de la India, habiendo profundizado en su propia conciencia, proclamaron que las plantas y los árboles también tienen sentimientos e incluso, en cierta forma, pueden expresarlos. Cuando tenemos una actitud amorosa y compasiva hacia las plantas y los árboles, podemos aprender a escucharlos y comprenderlos.

61

Cuando los antiguos sabios ordenaron que debíamos adorar a los árboles, estaban enseñando al mundo la importancia de preservar y proteger la naturaleza. Debido a que hemos cortado árboles innecesariamente, no tenemos lluvias adecuadas durante la temporada del monzón. Además, la temperatura ha aumentado y los patrones climáticos están cambiando en todo el mundo. Los árboles purifican la atmósfera, absorbiendo el dióxido de carbono que exhalamos. Ayudan enormemente a la armonía de la naturaleza. Incluso adorar y proteger mentalmente a los árboles que tanto bien nos hacen, es beneficioso.

62

No está mal cortar árboles y recolectar plantas medicinales de los bosques si es para satisfacer nuestras necesidades vitales. Para protegernos de la lluvia y el sol es ciertamente una necesidad tener una vivienda. Pero no lo es construir una casa que muestre nuestra riqueza y nuestro lujoso estilo de vida. Cortar los árboles necesarios para construir una casa no es adhármico (injusto). Una acción se convierte en injusta cuando la realizamos indiscriminadamente, sin conciencia

63

En la actualidad, la mayor amenaza para la humanidad no es una tercera guerra mundial, sino la pérdida de la armonía en la naturaleza y nuestra creciente separación de ella. Deberíamos estar tan alerta como una persona amenazada a punta de pistola. Sólo así podrá sobrevivir la humanidad.

64

Estamos destruyendo bosques y levantando complejos de apartamentos en su lugar. Muchas aves construyen nidos en estos complejos. Si miramos de cerca estos nidos, veremos que han sido hechos con cables y pedazos de plástico. Esto se debe a que los árboles están disminuyendo. En el futuro, puede que no haya árboles en absoluto. Los pájaros están aprendiendo a adaptarse a su nuevo entorno.

65

Plantad árboles. Hacerlo es una bendición. Los árboles nos sobreviven y proveen de fruta y sombra a las nuevas generaciones. Cada uno podemos hacer el voto de plantar por lo menos un árbol al mes. En un año, cada persona habrá plantado doce. Juntos podemos restaurar la belleza de la naturaleza a los ojos del mundo.

66

Cada familia debería cultivar plantas
y árboles en sus patios. Plantar un árbol
es un servicio desinteresado a la sociedad.
Así como disfrutamos de la presencia de
los árboles que los antepasados planta-
ron, debemos plantar para las siguientes
generaciones. Si no hemos realizado actos
altruistas, deberíamos plantar un árbol o
un plantón, eso sería un verdadero acto
desinteresado, que beneficiaría a todo el
mundo.

67

Hijos, la naturaleza está ante nosotros como un ejemplo de renuncia. Como las montañas, los ríos y los árboles, cada objeto de la naturaleza nos da lecciones de altruismo. Mirad un árbol, da frutos, sombra y aire fresco. Incluso mientras está siendo talado, ofrece sombra a la persona que lo corta. Del mismo modo, en la naturaleza cada ser y cada organismo practica la renuncia de una u otra forma

68

Hijos, ni un solo grano de lo que comemos crece sólo con nuestro propio esfuerzo. Lo que nos llega en forma de comida es el trabajo de otros, la generosidad de la naturaleza y la compasión de Dios. Incluso si tenemos millones de dólares, cuando tenemos hambre necesitamos comida. ¿Podemos comer dinero? Por lo tanto, nunca comáis nada sin antes rezar con humildad y gratitud.

69

Tomemos de la naturaleza sólo lo que realmente necesitamos y tratemos de devolver hasta donde podamos. Supongamos que dos patatas son suficientes para cocinar un plato. Si tomamos una tercera patata, estamos actuando sin discriminación. Cuando tomamos más de lo que nos toca de la Madre Naturaleza, estamos negando a otros su parte. Tal vez nuestro vecino, que no tiene suficiente comida, podría haber comido algo. Por lo tanto, cuando explotamos la naturaleza, también estamos explotando a los demás.

Cuando la compasión despierte en nosotros, desearemos sinceramente ayudar y proteger a todos los seres. En ese estado, no sentiremos ganas de arrancar ni una sola hoja innecesariamente. Arrancar diez hojas, cuando sólo se necesitan cinco, es un acto adhármico (injusto). Sólo en el último día de su existencia, justo antes de que se caiga del tallo, deberíamos cortar una flor. Consideraríamos muy dañino para la planta que, debido a nuestra codicia, se arrancase la flor en su primer día.

71

La interminable corriente de amor que fluye desde un verdadero creyente hacia toda la creación tendrá un gentil y tranquilizador efecto en la naturaleza. Nuestro amor es su mejor protección.

72

La necesidad del momento es cultivar una sociedad de individuos de buen corazón. Como seres espirituales, cada uno de nosotros debe esforzarse por llevar una vida altruista, pura y sencilla. Un ser espiritual debe ser como un árbol que da sombra incluso a la persona que lo corta en pedazos. Un ser espiritual debería ser como el viento que sopla por igual sobre los excrementos y sobre la flor.

73

No serás admitido en el reino de Dios sin la firma de la más diminuta hormiga en tu solicitud. El primer requisito para la liberación, junto con tu constante recuerdo del Ser Supremo, es que ames a todos los seres, tanto vivos como inertes. Cuando alcances esta grandeza de corazón, la libertad no estará muy lejos.

74

Cualquiera que tenga el coraje de superar las limitaciones de la mente alcanzará el estado de Maternidad Universal. Este es un amor y una compasión que se sienten no sólo hacia el propio hijo, sino también hacia todas las personas, animales, plantas, rocas y ríos. Es un amor que se extiende a toda la naturaleza y a todos los seres. Para alguien en quien el estado de verdadera maternidad ha despertado, todas las criaturas son sus hijos. Este despertar del amor, esta maternidad, es el Amor Divino. Esto es Dios.

75

Hoy en día somos conscientes de la necesidad de proteger a la Madre Tierra, y por supuesto, esto es esencial. Pero también debemos preocuparnos por la contaminación de nuestro medio ambiente interno. Nuestros pensamientos y acciones negativas crean contaminación en la atmósfera y en la conciencia de la humanidad. Sólo a través del amor y la compasión es posible la protección y la preservación de la naturaleza.

Debido a la falta de valores y de una vida justa, la naturaleza ha empezado a reaccionar. A medida que los árboles disminuyen, la lluvia también se reduce. Cuando la lluvia llega, lo hace en el momento equivocado. Lo mismo ocurre con el sol; hoy en día es demasiado o demasiado poco. Estos son algunos efectos de nuestras acciones y actitudes equivocadas.

77

Los pensamientos y acciones negativas contaminan la atmósfera y la conciencia de la humanidad. Si no cambiamos nuestras costumbres, estamos construyendo el camino hacia nuestra propia destrucción. Esto no es un castigo sino una herida que nos estamos infligiendo a nosotros mismos. No estamos haciendo uso de los dones que Dios nos ha proporcionado para pensar, discriminar y actuar con sabiduría.

Hijos míos, una de nuestras mayores prioridades debería ser preservar la naturaleza. Debemos poner fin a la práctica de destruir el medio ambiente por dinero y por nuestras egoístas necesidades a corto plazo. No tenemos derecho a destruir. No podemos crear; por lo tanto, no debemos destruir. Sólo Dios puede crear, sostener y destruir. Las tres cosas están más allá de nuestra capacidad.

79

Cuando la humanidad y la naturaleza se mueven juntas, mano a mano en armonía, se vive en plenitud. Cuando la melodía y el ritmo se complementan, la música se vuelve bella y agradable al oído. De la misma manera, cuando la gente vive de acuerdo con las leyes de la naturaleza, la vida se convierte en una hermosa canción.

80

Dios no sólo habita en los seres humanos, sino también en los animales y en toda clase de vida, en las montañas, los ríos, los valles y los árboles. En los pájaros, las nubes, las estrellas, el sol y la luna, en todas partes. Dios habita en el "sarvacharaachara", tanto en lo que se mueve como en lo que no. ¿Cómo puede una persona que entiende esto matar y destruir?

81

Los buscadores sinceros de la verdad y los creyentes no pueden dañar la naturaleza porque la ven como Dios. No viven la naturaleza como algo separado. Son quienes de verdad aman la naturaleza. Cuando no hay mente o ego, eres uno con toda la existencia. Hijos, cuando seáis uno con la creación, cuando vuestro corazón no contenga más que amor, toda la naturaleza será vuestra amiga y os servirá. El universo, junto con todos sus seres, es vuestro amigo.

82

Observando a la Madre Naturaleza y viendo su forma desinteresada de dar, podemos ser conscientes de nuestras propias limitaciones. Esto nos ayudará a desarrollar la devoción y la entrega al Ser Supremo. La naturaleza puede acercarnos a Dios y enseñarnos cómo adorar genuinamente a la Divinidad.

83

Sólo a través del amor y la compasión es posible la protección y la preservación de la naturaleza. Pero estas dos cualidades están disminuyendo rápidamente en los seres humanos. Para sentir amor y compasión reales, uno debe entender que el soporte y sustrato de todo el universo es una única fuerza vital.

84

La juventud de hoy es el pilar del mundo de mañana. Los jóvenes tienen el potencial de hacer grandes cambios en el mundo. Nuestros jóvenes comprometidos pueden inspirar a otros al unirse para crear iniciativas en la protección de la Madre Naturaleza. Deberíamos canalizar su energía hacia una buena causa.

85

La Tierra no puede ser cambiada para mejor a menos que la conciencia de los individuos cambie primero. Podemos comprometernos a aumentar nuestra conciencia disciplinando nuestras mentes a través de la meditación, la oración y el pensamiento positivo. Podemos comprometernos con una ética global de comprensión mutua, y con formas de vida socialmente beneficiosas, que fomenten la paz y la naturaleza. Con sacrificio y abnegación, podemos hacer un cambio fundamental en nuestra situación.

La meditación, la oración, los cantos y otras prácticas espirituales son nuestra salvación. La reverencia y la devoción que los seres humanos desarrollan a través de su fe religiosa son muy beneficiosas, tanto para la humanidad como para la naturaleza. Cantar un mantra u orar con concentración creará definitivamente un cambio positivo en la naturaleza y ayudará a restaurar la armonía-

Podemos dudar de si tenemos el potencial para restaurar el equilibrio perdido en la naturaleza. Podemos preguntarnos: "¿no será que los seres humanos son demasiado limitados?" ¡No, no lo somos! Tenemos un poder infinito dentro de nosotros, pero estamos profundamente dormidos e inconscientes de nuestra propia fuerza. Este poder se alzará cuando despertemos interiormente.

88

Una persona que se ha hecho una con la Conciencia Suprema también se ha convertido en una con toda la creación. Tal persona ya no es sólo el cuerpo, sino que se convierte en la Fuerza de Vida que brilla en y a través de todo. Él o ella se convierte en la Conciencia que confiere su belleza y vitalidad a todo.

89

Los mahatmas (almas iluminadas) pueden expresarse a través del sol, la luna, el océano, las montañas, los árboles y los animales, a través de todo el universo. Cuando uno no tiene ego, lo es todo. El universo entero es uno con un ser iluminado.

90

Más que el conocimiento de la ciencia moderna, es la comprensión más profunda de la religión -la verdad de la unidad en toda la creación- lo que enseña a la gente a amar la naturaleza y a desarrollar un sentido de reverencia y devoción hacia todos los seres. Puedes sentir que destruir un árbol o una planta es menos malo que matar a un ser humano. Este concepto es erróneo.

Las plantas y los árboles también tienen emociones y pueden sentir miedo. Cuando alguien se acerca a un árbol o a una planta con un hacha o un cuchillo, la planta tiene miedo; tiembla de miedo. Necesitas un oído sutil para oír sus gritos, un ojo sutil para ver su impotencia y una mente sutil para sentir su miedo. No ves su sufrimiento, pero con un corazón compasivo puedes sentirlo. Para ver el sufrimiento de una planta, el ojo de tu mente debe estar abierto. Desafortunadamente, no ves cosas sutiles con tus ojos externos. Por esto destruyes un árbol o una planta indefensa.

92

Cuando los seres humanos hacen feliz a la naturaleza con buenos pensamientos y buenas acciones, la naturaleza nos bendice con cosechas abundantes y desbordantes. Hay un festival tradicional en Kerala llamado Pongal, que significa "desbordarse". Este es el momento en que el amor de la humanidad por la naturaleza y el amor de la naturaleza por la humanidad se desbordan - cuando la mente universal y la mente individual se desbordan para convertirse en una.

93

Cuando te inclinas ante toda la existencia, con total humildad, el universo se inclina ante ti y te sirve.

94

Se dice que la vida de una mariposa dura sólo de unos pocos días a una semana. Sin embargo, ¡cuán alegremente vuela por ahí! Infunde placer y felicidad a todos. Nuestras vidas deberían ser así.

Hubo un tiempo en el que todos abandonaron a Amma por su comportamiento inusual. Cuando eso sucedió, fueron los pájaros y los animales los que vinieron a cuidarla. Un águila volaba sobre ella y dejaba caer peces, que Amma comía crudos. Un perro solía traerle paquetes de comida. Cuando salía del samadhi (un estado de dicha) una vaca venía y se paraba delante de ella en tal posición que Amma podía beber cuanto quisiera directamente de sus ubres.

Cuando veamos a la Madre Naturaleza como la encarnación de Dios, automáticamente la serviremos y protegeremos. Si nos acercamos a la naturaleza con amor, nos servirá como nuestra mejor amiga, una amiga que no nos defraudará.

Hijos míos, mirad la naturaleza e imaginad la forma de vuestra amada deidad en los árboles, montañas y otros objetos. Hablad con vuestra amada. Imaginad a la amada deidad de pie en el cielo y llamadla. Expresad cualquier queja que podáis tener ¿por qué contar vuestras penas a cualquier otro?

Ya es hora de pensar seriamente en la protección de la naturaleza. La destrucción de la naturaleza es sinónimo de la destrucción de la humanidad. Árboles, animales, pájaros, plantas, bosques, montañas, lagos y ríos, todo lo que existe en la naturaleza, necesita desesperadamente nuestra bondad, compasiva atención y protección. Si los protegemos, ellos a su vez nos protegerán.

99

La naturaleza se beneficia de la concentración de las personas espirituales. La oración y la concentración espiritual son medios poderosos para purificar la atmósfera. Al mismo tiempo, también podemos obtener energía espiritual, esperanza y confianza estando en la naturaleza, a través de la oración, el canto y la meditación, con palabras o en silencio.

100

Cada pequeño esfuerzo que hacemos para conservar el medio ambiente es precioso porque ayuda a mantener la vida. Es en realidad más valioso que cualquier tipo de riqueza material. A través de nuestras escuelas, podemos despertar en nuestros niños el interés por proteger la naturaleza, del mismo modo que hemos despertado en ellos el interés por acumular dinero.

101

En su agitación, debido a las acciones injustas perpetradas contra ella por los humanos, la Madre Naturaleza ha empezado a retirar sus bendiciones. El deber urgente de todos los seres humanos es complacerla realizando acciones desinteresadas llenas de amor mutuo, fe y sinceridad. Sólo entonces fluirá de nuevo y bendecirá a la humanidad con un sinfín de recursos.

102

Supongamos que tienes diez semillas. Consume nueve de ellas si quieres, pero al menos deja una semilla para plantar. Nada debería ser destruido completamente. Si recibes cien dólares de una cosecha, al menos diez dólares deben ser donados a la caridad.

Así como la tierra se mueve alrededor del sol en un ciclo regular, toda la naturaleza se mueve en un patrón cíclico. Las estaciones se mueven en un círculo: primavera, verano, otoño, invierno, y luego otra vez primavera. De la semilla viene el árbol y el árbol de nuevo proporciona las semillas. De la misma manera, el nacimiento, la infancia, la juventud, la vejez, la muerte y el nuevo nacimiento. Es un ciclo continuo. El tiempo se mueve en círculo, no en línea recta. El karma y sus resultados deben ser experimentados inevitablemente por cada ser vivo hasta que la mente se calme y uno esté satisfecho en su propio Ser.

Mira las rosas frescas. Qué hermosas son. Qué fina fragancia exudan. ¿Pero qué les damos para que crezcan? ¡Sólo un poco de hojas de té usadas y estiércol de vaca! Qué gran diferencia entre estas hermosas flores y el estiércol que se les da. De la misma manera, los impedimentos en nuestras vidas son el fertilizante que nos hace crecer más fuertes espiritualmente. Estos obstáculos ayudarán a nuestros corazones a florecer plenamente.

105

Recuerda siempre que cuando llega el ocaso, lleva ya el alba en su vientre.

Debemos recordar que todo es sensible, todo está lleno de conciencia y vida. Todo existe en Dios. No existe la mera materia; sólo existe la conciencia. Si abordamos todas las situaciones con esta actitud, la destrucción se hace imposible para nosotros; la idea misma de destruir desaparece. Todo existe en Dios.

107

Hijos, el amor divino es nuestra auténtica naturaleza. El amor brilla en todos y cada uno de nosotros. No puede haber manifestación alguna sin el poder del amor detrás.

108

Oh Espíritu Divino, ¿me ves aquí? Que tus radiantes manos derramen gracia sobre mí, dándome la fuerza para seguir recordándote y la añoranza para seguir llamándote. Eres mi único refugio y consuelo. ¡Bienaventurado y hermoso es tu mundo divino! ¡Elévame a tu mundo de un millón de estrellas centelleantes!

www.ingramcontent.com/pod-product-compliance
Lightning Source LLC
Chambersburg PA
CBHW070608050426
42450CB00011B/3016

9 781680 378740